A Child's Spirit

Un Espíritu Infantil

Dios Bendiga

Danté Savage

Danté DeShawn Savage

Para: Estefaníaía y Ema

Contents

Danté D. Savage

A BILINGUAL REFLECTION

UNA REFLEXIÓN BILINGÜE

In Dante's Words

I am writing this page for children because the day when my parents became ministers I felt power and glory and blood I never knew I had. GOD is our father and we, His children, should respect Him with all our heart and soul.

We should follow in His ways. When GOD asked Jonah to go to Nineveh, Jonah refused. Kids, that is a very, very, very bad thing to do, obey GOD no matter what and if you don't like it, still you do it!

Samson was a strong man of GOD. He fought for the good guys and fell in love with a BAD woman named Delilah. She worked for the Philistines and they told her if she gets Samson's secret they will pay her. Samson told Delilah his secret. Children, when GOD gives you something powerful DON'T TELL ANYBODY! Don't do that children PLEASE!

GOD isn't a person; GOD is the HOLY SPIRIT in our hearts. Now JESUS was a man and the SPIRIT OF GOD. Pray to our GOD and maybe He can make your wishes come true. **Jesus said be a good child and be a man or woman of GOD.**

En las Palabras de Danté

Estoy escribiendo esta página para los niños, porque el día en que mis padres se convirtieron en ministros, sentí poder y gloria y sangre que no sabía que tenía. DIOS es nuestro padre y nosotros sus hijos; debemos respetarlos con todo nuestro corazón y el alma.

Debemos seguir en sus caminos. Cuando Dios le indicó a Jonás ir a Nínive, Jonás se negó. Niños eso está muy, muy, muy mal; obedezcan a DIOS, no importa qué, y si no te gusta, aún así debes obedecer!

Sansón era un fuerte hombre de DIOS. Luchó del lado de los buenos y se enamoró de una mujer muy MALA llamada Dalila. Ella trabajaba para los filisteos y ellos le dijeron que si ella conseguía el secreto de Sansón le pagarían. Sansón le confesó a Dalila su secreto. Niños, cuando DIOS te da algo poderoso, NO LE DIGAS A NADIE! Niños, POR FAVOR no hagan esto!

Dios no es una persona, DIOS es el ESPIRITU SANTO en nuestros corazones. Ahora Jesús era un hombre y el ESPIRITU DE DIOS. Oremos a nuestro Dios y tal vez pueda hacer que sus deseos se hagan realidad. **Jesús dijo sean buenos niños y sean hombres o mujeres de DIOS.**

Do You Have Faith?

Dear children do you have faith?

Well I do have faith. Faith is powerful to God and Jesus.

One day an angel named Gabriel came down from heaven to see Mary. Gabriel said to Mary you are going to have a son. But Mary said I am not married. That's not having faith in God. But that's how Jesus was born on earth. When Jesus was a little kid like us He was teaching teachers in the school!

There is another story I love to tell. The name of the story is a changed man in the Bible and you can find it in Acts 9:1-19. Saul did not like Jesus' followers. One of the most important commands that God put on earth was to love your neighbor at all cost. Did Saul follow the command? No, Saul did not follow the command and nobody liked Saul. After a while, Saul changed his act and God changed Saul's name to Paul. People liked him, they were pleased with him, and no more was his life miserable.

Do you see how God and Jesus can work in people's lives when you turn it over to Him and His beautiful kingdom?

¿Tienes Fe?

Queridos niños ¿ustedes tienen fe?

Bueno yo si tengo fe. La fe es poderosa a Dios y a Jesús.

Un día un ángel llamado a Gabriel descendió del cielo para ver a María. Gabriel le dijo a María que iba a tener un hijo. Pero María dijo que no estaba casada. Eso no es tener fe en Dios. Pero así nació Jesús en la tierra. Cuando Jesús era niño pequeño como nosotros ¡Él le enseñaba a los maestros en la escuela!

Hay otra historia que me gusta contar. El nombre de la historia es un hombre cambiado en la Biblia y lo encontrarás en Hechos 9:1-19. Saúl no gustaba a los seguidores de Jesús. Uno de los comandos más importantes que Dios puso en la tierra fue que amaras a tu prójimo a toda cuenta. ¿Saúl cumplió con el comando? No, Saúl no cumplió con el comando y nadie gustaba de Saúl. Después de un tiempo, Saúl cambió su ley y Dios le cambió su nombre de Saúl a Pablo. La gente le gustaba, estaban contentos con él, y no más fue su vida miserable. ¿Ves cómo Dios y Jesús pueden trabajar en la vida de las personas cuando se voltean a Él y a Su reino hermoso?

Life

Children do you thank GOD for your life? − − I do.

Life is perfect even if you are poor or with no house. In that moment pray to GOD and He will help you with your life. Ask the LORD to help you. All the people are from GOD and JESUS. One of the commands is to always believe in God so believe in God and simply pray. Just believe and pray to God then God and Jesus will help you with your problem.

In the book of Mark chapter 5 in the Holy Bible, there was a woman who had a disease that doctors couldn't fix or help her. But, she knew that if she touched Jesus' robe, she would be healed, so that is what she did. She touched Jesus' robe and she was healed! Jesus wanted to know who touched His robe because He felt power go out of Him. The woman told Jesus that she touched Him and why. She knew that He could help her. Jesus said she is healed and to go in peace.

WOW! See how HE can cure bad things! WE should sing songs like JOY TO THE WORLD or OH, COME ALL YE FAITHFUL. These are songs we can sing to praise and glorify God and Jesus.

Vida

Niños ¿le dan gracias a Dios por tu vida? —Yo lo hago. La vida es perfecta, incluso si eres pobre o sin casa. En ese momento ora a Dios y Él le ayudará con su vida. Pídele al Señor que te ayude. Todas las personas son de DIOS y de JESÚS. Uno de los comandos es creer siempre en Dios, entonces cree en Dios y simplemente ora. Sólo cree y ore a Dios, entonces Dios y Jesús le ayudará con su problema.

En el libro de Marcos capítulo 5 en la Biblia, había una mujer que tenía una enfermedad que los médicos no pudieron arreglar o ayudarla. Pero ella sabía que si toca el manto de Jesús, sería sanada, eso es lo que hizo. ¡Ella tocó el manto de Jesús y fue sanada! Jesús quería saber quién había tocado su manto porque sentía poder salir de Él. La mujer le dijo a Jesús que ella le tocó y por qué. Ella sabía que Él podía ayudarla. Jesús dijo que ella es sanada y que vaya en paz.

¡WOW! Ves cómo Él puede curar cosas malas! Debemos cantar canciones como ALEGRIA EN EL MUNDO o VENID FIELES TODOS. Podemos cantar estas canciones para alabar y glorificar a Dios y a Jesús.

A Child is Born

Un Niño Ha Nacido

"For to us a child is born, to us a son is given, and the government will be on his shoulders. And he will be called Wonderful Counselor, Mighty God, Everlasting Father, Prince of Peace"
(Isaiah 9:6, NIV).

"Porque nos ha nacido un niño, se nos ha concedido un hijo; la soberanía reposará sobre sus hombros, y se le darán estos nombres: Consejero admirable, Dios fuerte, Padre eterno, Príncipe de paz"
(Isaías 9:6, NVI).

Jesus Chooses His 12 Disciples

God told Jesus to choose 12 disciples and **JESUS** did. Their names were Judas, Simon, Thaddeus, Thomas, James (son of Alphaeus), Bartholomew, Philip, John, James, Peter, Matthew, and Andrew. All of them were chosen as Jesus' 12 disciples.

When Jesus left to prepare heaven for us the disciples were alone. One day the Disciples healed a man who couldn't walk. All the people were amazed and they thought that the Disciples had some power, but they said don't thank us thank the Lord.

The message this will give you is when a miracle happens just thank **GOD!**

Jesús Elige a Sus 12 Discípulos

Dios le dijo a Jesús que eligiera 12 discípulos y Jesús lo hizo. Sus nombres eran Judas, Simón, Tadeo, Tomás, Santiago (hijo de Alfeo), Bartolomé, Felipe, Juan, Santiago, Pedro, Mateo y Andrés. Todos ellos fueron elegidos como los 12 discípulos de Jesús.

Cuando Jesús fue a preparar el cielo para nosotros los discípulos estaban solos. Un día los discípulos sanaron a un hombre que no podía caminar. Toda la gente estaba asombrada y pensaron que los discípulos tenían algo de poder, pero ellos dijeron que no le agradezcan, darle las gracias al Señor.

El mensaje que esto le dará es cuando un milagro sucede sólo ¡darle gracias a **DIOS**!

The Wise King

King Solomon loved GOD very much. GOD spoke to him in a dream. Ask for anything you want, GOD said.

Wow! Do you see how King Solomon really loves God? Let's get back to the story.

King Solomon answered give me wisdom so that I will know the difference between right and wrong. GOD was pleased with Solomon's answer. I will give wisdom to you GOD said, and I will also give you riches and honor.

King Solomon was just a good person; he was the son of David. GOD will always be there for us. Wherever we go, whenever we need Him, just know that GOD will be there with you always. God can also give you the wisdom to know the difference between right and wrong.

El Rey Sabio

El Rey Salomón amaba a Dios mucho. Dios le habló sobre un sueño. Pide lo que quieras, dijo Dios.

¡Wow! ¿Ves cómo el Rey Salomón realmente ama a Dios? Volvamos a la historia.

El Rey Salomón respondió que le diera sabiduría para que conociera la diferencia entre el bien y el mal. DIOS estaba satisfecho con la respuesta de Salomón. Voy a darte la sabiduría Dios dijo, y yo también te dará riquezas y honor.

El Rey Salomón fue simplemente una buena persona; él era el hijo de David. DIOS siempre estará allí para nosotros. Donde quiera que estemos, siempre y cuando lo necesitamos, sólo sepa que DIOS estará allí contigo siempre. Dios también puede darte la sabiduría para saber la diferencia entre el bien y el mal.

God Sister

How powerful is GOD? Nobody knows but, God himself. We love God very much and we should always love Him. I love God and you should too. To learn about him like I am learning, we should follow Jesus in His ways. Be like Him so your life can be better.

And here's my testimony…there's a girl named Lucero and she's from an orphanage. I said to God that I wanted a sister, He heard me and Lucero is now my new sister and I am very happy! GOD provided this for me so we have a new member in the family.

I have another testimony…a kid in invited me over to his house, but he plays a lot of shooting games so I told him I could not play shooting games and he told me to lie. I said no I would not lie to my parents. I then asked why are you playing shooting games? It is inappropriate for us kids to do all that killing and fighting. He said but he sees it every day and I asked do you? He said no and he thought about what was said and told me 'hey you're right". He then said that he would like to spend time with me playing other games.

Always follow God no matter what He tells you. This was the path that we took.

Hija de Dios

¿Qué poderoso es Dios? Nadie sabe pero, Dios mismo. Amamos mucho a Dios y siempre debemos amarlo. Yo amo a Dios y también debes amarlo. Para obtener información acerca de Él como yo estoy aprendiendo, debemos seguir a Jesús en sus caminos. Para que su vida sea mejor, sea como Él.

Y aquí está mi testimonio... hay una niña llamada Lucero y ella es de un orfanato. Le dije a Dios que quería a una hermana, Él me escuchó y Lucero es ahora mi nueva hermana ¡y estoy muy contento! Dios proveyó esto para mí, así que tenemos un nuevo miembro en la familia.

Tengo otro testimonio... un niño en me invitó en su casa, pero él juega con un montón de juegos de disparos, por lo que le dije que no pude jugar esos juegos de tiros y me dijo que mintiera. Le dije que no, no mentiría a mis padres. Le pregunté ¿por qué estás jugando juegos de tiros? No es apropiado para nosotros los niños hacer toda esa matanza y luchas. Dijo pero él lo ve todos los días y le pregunté ¿de veras? Él pensó en lo que dijo y dijo que no y me dijo "oye tienes razón." Luego dijo que le gustaría pasar tiempo conmigo jugando otros juegos.

Siempre sigue a Dios no importa lo que Él te diga. Ese fue el camino que tomamos.

Repent

Arrepentimiento

"Repent, then, and turn to God, so that your sins may be wiped out, that times of refreshing may come from the Lord" (Acts 3:19, NIV).

"Por tanto, para que sean borrados sus pecados, arrepiéntanse y vuélvanse a Dios, a fin de que vengan tiempos de descanso de parte del Señor" (Hechos 3:19, NVI).

Sin

Sin is something God doesn't like at all! We shouldn't do any bad things if we want to go to heaven. God said don't sin, and if we do that, are we good people? No! We are just being sinners in God's eyes. In our eyes maybe yes, we are sinners, maybe no, we are not sinners, but it doesn't matter because God is seeing us all day, and all night.

Young children God is calling us! Our parents went through things too and don't think they had a better life. They might have had a worse life than you are having and maybe they want your life to be better than the life they had. Your parents love you and they might show it in a way we think is harsh but they want the best for us.

All the parents out in the world if you have sinned please do these steps; ask God to forgive your sins, ask Him to take over your life, have faith, and believe that Jesus died on the cross for you and rose on the third day.

Just remember this; we can do all things through Jesus Christ who strengthens us. So that means, we don't have to sin!

Pecado

El pecado es algo que Dios ¡no le gusta en absoluto! No deberíamos hacer cualquier cosa mala si queremos ir al cielo. Dijo Dios no al pecado y si lo hacemos, ¿somos buena gente? ¡No! Sólo estamos siendo pecadores antes los ojos de Dios. En nuestra vista sí tal vez de ojos, somos pecadores, tal vez no, no somos pecadores, pero no importa porque Dios nos está viendo todo el día y toda la noche.

Niños, ¡Dios nos está llamando! Nuestros padres pasaron por cosas también y no creas que tuvieran una vida mejor. Podría haber tenido una vida peor que la nuestra y tal vez quieren que tu vida sea mejor que la vida que ellos tuvieron. Tus padres te aman y podrían mostrarlo en una forma en que pensamos que es dura pero quieren lo mejor para nosotros.

Todos los padres en el mundo si han pecado siga estos pasos; pídele a Dios que perdone sus pecados, invítale a asumir el control de tu vida, tenga fe y crea que Jesús murió en la cruz por ti y se levantó al tercer día.

Recuerde esto; podemos hacer todas las cosas por medio de Jesucristo, que nos fortalece. Entonces eso significa, ¡no necesitamos pecar!

Money in a Fish

It was time to pay the temple tax. This money was used to fix up the temple. One day some tax collectors asked Peter, JESUS (the son of GOD) doesn't pay taxes does he? Peter said yes he does, and then JESUS told Peter to go fishing and you will find a coin in the mouth of the fish. Peter caught a fish, opened its mouth, found a coin, and they could pay the taxes.

If GOD or JESUS tells you to do something or to go somewhere or to go there, then there will be good consequences. Maybe you could get a hug, love, or more knowledge of God. All of these things you could get if you listen and follow GOD and JESUS. If you listen to JESUS AND GOD your life will go better and smoother, some of you would say like a piece of cake.

If you feel burdened recite this Psalm with me. "Give your worries to the Lord, and he will care for you. He will never let those who are good be defeated. But, God, you will send those liars and murderers to the grave. They will die before their life is half finished! As for me, I will put my trust in you" (**Psalm 55:22-23**, ERV).

El Dinero en un Pez

Había llegado el momento de pagar el impuesto del templo. Este dinero se utilizó para arreglar el templo. Un día algunos recaudadores de impuestos le preguntaron a Pedro, ¿Jesús (el Hijo de Dios) no paga impuestos? Pedro les dijo que sí lo hace, y a continuación, Jesús le dijo a Pedro que vaya a pescar y que él encontrará una moneda en la boca del pez. Pedro atrapó a un pez, abrió su boca, encontró una moneda y pueden pagar los impuestos.

Si DIOS o JESÚS le dice que haga algo o ir a algún sitio, venir aquí o ir allá, entonces habrá buenas consecuencias. Quizá usted podría obtener un abrazo, el amor, o más conocimiento de Dios. Todas estas cosas usted podría conseguir si escuchas y sigues a Dios y a Jesús. Si usted escucha a JESÚS Y DIOS tu vida será mejor y más suave, algunos de nosotros diríamos como un pedazo de pastel.

Si te sientes sobrecargado recita este Salmo conmigo. "Entrégale tus cargas al Señor, y él cuidará de ti; no permitirá que los justos tropiecen y caigan. Pero tú, oh Dios, mandarás a los perversos a la fosa de destrucción; los asesinos y los mentirosos morirán jóvenes, pero yo confío en que tú me salves" (**Salmos 55:22 - 23** NTV).

Strength

Our theme will be coming from Philippians 4:13, that I can do all this in the midst of Him who gives me strength. That means that you can do anything because God gives you strength, so you could be the President, you also could be the best person at your school that behaves well. I'm just basically saying that you can do anything. No matter how big that the task is, if you are trying to save the world or you want to try to behave well.

Remember that you can do whatever you want, but I'm not saying that you cannot respect your parents or your elders. Only be a good person and follow the path of God.

Fuerza

Nuestro tema provendrá de Filipenses 4:13, de que puedo hacer todo esto en medio de aquel quien me fortalece. Eso significa que usted puede hace cualquier cosa porque Dios te da fuerza, por lo que podría ser el Presidente, usted también podría ser la mejor persona en tu escuela que se comporta bien. Sólo básicamente estoy diciendo que usted puede hacer cualquier cosa. No importa lo grande que es la tarea, si usted está tratando de salvar el mundo o desea tratar de portarse bien.

Recuerde que puedes hacer lo que quieras, pero no estoy diciendo que no pueden respetar tus padres o a sus ancianos. Sólo sea una buena persona y sigue el camino de Dios.

Noah and the Ark

GOD commanded Noah to build an ark HE told Noah how to build it. In other words HE gave him instructions. Noah was an old man if you didn't know and he was doing all kinds of stuff at that age and we should be doing things like that. But, we say are tired or I'm too lazy to do it, but look at Noah. He should be the one saying I'm tired or I'm lazy, not us.

Noah built the Ark then GOD commanded him to get two animals from different species. Wow! I hope he is alright with the lions and tigers, but later, God flooded the earth with water and even the highest mountain was covered with water. Then, Noah sent a dove or a bird to find land for them, but one of the persons that were there was thinking negative or saying what if we die, what if we drowned. Noah said don't worry GOD will save us. The dove came back it didn't find any land. The next day Noah sent the bird again to find land and this dove found land. When they got to the land they saw a rainbow and GOD said that this is His signal that He will not flood the earth again (Genesis 9:11).

See how Noah went through all those things and we say that walking from our room to the table is too far. Sometimes others will ask you to please get the remote. We might say it's too far that's why a lot of people are lazy in our world. So let us try not to sin, if you didn't know the bible says to work hard and not to be lazy (Romans 12:11). I have a challenge for you. Don't be lazy for a week and at the end of the week communicate with me at www.AmbassadorsforChrist.com, tell me how it went.

Noé y el Arca

Dios ordenó a Noé que construyera un arca y le dijo a Noé cómo construirlo. En otras palabras, Él le dio instrucciones. Noé era un anciano y si no sabías él estaba haciendo todo tipos de cosas a su edad y nosotros deberíamos estar haciendo cosas como esas. Pero decimos que estamos cansados o soy demasiado perezoso para hacerlo, pero mira a Noé. Él debería ser el que dice: estoy cansado o soy perezoso, nosotros no.

Noé construyó el Arca y DIOS le ordenó a obtener dos animales de diferentes especies. ¡Wau! Espero que esté bien con los leones y tigres, pero más tarde, Dios inundó la tierra con agua y aún la montaña más alta estaba cubierta de agua. Entonces, Noé envió una paloma o un pájaro a encontrar tierras para ellos, pero una de las personas que estaban allí estaba pensando negativamente o diciendo: ¿qué pasa si morimos, qué pasa si ahogamos? Noé le dijo que no te preocupes la voluntad de Dios nos salvará. La Paloma volvió pero no encontró ninguna tierra. Al día siguiente Noé envió el pájaro otra vez a encontrar tierra y esta paloma encontró la tierra. Cuando llegaron a la tierra vieron un arco iris y Dios dijo que esta es su señal de que Él no inundará la tierra otra vez (Génesis 9:11).

Ves cómo Noé pasó por todas esas cosas y podemos decir que nuestra habitación a la mesa es demasiado lejos. A veces otros nos pide que por favor, obtenga el control remoto. Podríamos decir que es demasiado lejos y es por eso muchas personas son perezosos en nuestro mundo. Así que intentemos no pecar, si no sabes, la Biblia dice que tenemos que trabajar duro y no ser perezosos (Romanos 12:11). Tengo un reto para usted. No seas perezoso por una semana y al final de la semana comuníquese conmigo al www.AmbassadorsforChrist.com, cuéntame cómo lo pasaste.

Prayer

Dear GOD,

Today I ask You to please heal everybody in the world. Please give those who don't have anything, please give them some food or Your bread. Those who don't have homes please give them what they need, when they need it, and how they would need it, in the Name of Jesus I ask and pray.

Amen.

Oración

Querido DIOS,

Hoy te pido que por favor cures a todos en el mundo. Por favor dar a aquellos que no tienen nada, por favor darles algún alimento o Su pan. Aquellos que no tienen casas por favor darles lo que necesitan, cuando lo necesitan, y cómo lo necesitan, en el nombre de Jesús te pido y rezo.

Amén.

About the Author

Danté DeShawn Savage, age 10, son of Ministers Shawn and Caroline Savage is an internet radio show co-host spreading the Good News of the Gospel of Jesus Christ. Danté also writes Christian articles for children which are located on the Ambassadors For Christ Radio website (www.AmbassadorsForChristRadio.com). He has works published in the books Mourning Morning and Profound Poets.

Danté makes guest appearances on Christian Discipleship Ministries TV (www.christiandiscipleshipministries.com/tv/) to promote from a child's perspective, the Word of God, and how children can lean on our Lord and Savior Jesus Christ to strengthen them. Danté has also been a guest for a radio interview on the Alive in Christ network (www.AliveinChristRadio.com).

On Sunday mornings at 9am Pacific Time, 12 noon Eastern Time, you can tune into Ambassadors For Christ Radio (www.AmbassadorsForChristRadio.com) to listen to him during the Spiritual Hour glorifying our Heavenly Father. God is truly amazing all the time as we obey and follow His Will! Praise the Lord!

Sobre el Autor

Danté DeShawn Savage, edad 10, hijo de los Ministros Shawn y Caroline Savage es coanfitrión de una radio de internet difundiendo las Buenas Nuevas del Evangelio de Jesucristo. Danté también escribe artículos Cristianos para niños y esos se encuentran en el sitio web de la Radio de Embajadores para Cristo (www.AmbassadorsForChristRadio.com). Él tiene trabajos publicados en los libros *Mañana de Luto* y *Poetas Profundos.*

Danté hace apariciones como invitado en la televisión del Ministerio de Discipulado Cristianos (www.christiandiscipleshipministries.com/tv/) para promover desde la perspectiva de un niño, la Palabra de Dios, y cómo los niños pueden apoyarse en nuestro Señor y Salvador Jesucristo para su fortalecimiento. Danté también ha sido invitado para una radio entrevista en vivo en la red Vivo en Cristo (www.AliveinChristRadio.com).

En los domingos en la mañana a las 9am horario del Pacifico y a las 12pm mediodía horario del Este, usted puede sintonizar a su programa de radio cristiana Embajadores para Cristo (www.AmbassadorsForChristRadio.com) para escucharlo durante la hora espiritual glorificando a nuestro Padre Celestial. Dios es realmente increíble todo el tiempo cuando obedecemos y seguimos Su voluntad! ¡Alabado sea el Señor!

Ambassadors for Christ Radio

Savage Ministries International was founded in June 2006 in Panama City, Republic of Panama. Shawn and Caroline Savage are Ordained Ministers of the Gospel of Jesus Christ. The founder of Savage Ministries International and Ambassadors for Christ Radio is our Lord and Savior Jesus Christ, who through Him all things are possible, as we focus on our heavenly Father's plan for our lives. Our mission is based on the biblical Discipleship principle to become Ambassadors for Christ, spread the Word of God, His Holy Bible, and make Christian Disciples out of men for the purpose of reconciliation to our Lord. Savage Ministries International accept our Lord and Savior Jesus Christ and promote God's Word. As Christians, we all should obey our Lord, operate by faith, and remain patient as our Lord fulfills His promises at His will.

All this is from God, who reconciled us to himself through Christ and gave us the ministry of reconciliation: that God was reconciling the world to himself in Christ, not counting people's sins against them. And he has committed to us the message of reconciliation. We are therefore Christ's ambassadors, as though God were making his appeal through us. We implore you on Christ's behalf: Be reconciled to God. God made him who had no sin to be sin for us, so that in him we might become the righteousness of God (2 Corinthians 5:18-20 NIV).

For additional information, please visit us:
Web page: www.AmbassadorsForChristRadio.com.
Facebook: https://www.facebook.com/AmbassadorsForChristRadio
Google+: www.AmbassadorsForChristRadio.com\community
Internet Television: www.christiandiscipleshipministries.com/tv/
Twitter: @AFCRadio

Embajadores Para Cristo

El Ministerio Savage Internacional fue fundado en junio de 2006 en la ciudad de Panamá, República de Panamá. Shawn y Caroline Savage son Ministros Ordenados del Evangelio de Jesucristo. El fundador del Ministerio de Savage Internacional y la radio Embajadores para Cristo es nuestro Señor y Salvador Jesucristo, quien a través de Él todas las cosas son posibles, mientras nos enfocamos en el plan de nuestro Padre Celestial para nuestras vidas. Nuestra misión se basa en el principio bíblico de discipulado se convierten en embajadores de Cristo, difundir la palabra de Dios, su Biblia, y hacer discípulos Cristianos de hombres con el propósito de reconciliación a nuestro Señor. Savage Ministries International acepte nuestro Señor y Salvador Jesucristo y promover la palabra de Dios. Como cristianos, todos deben obedecer nuestro Señor, operar por la fe y siendo paciente como nuestro Señor cumple sus promesas a su voluntad.

"Todo esto proviene de Dios, quien por medio de Cristo nos reconcilió consigo mismo y nos dio el ministerio de la reconciliación: [19] *esto es, que en Cristo, Dios estaba reconciliando al mundo consigo mismo, no tomándole en cuenta sus pecados y encargándonos a nosotros el mensaje de la reconciliación.* [20] *Así que somos embajadores de Cristo, como si Dios los exhortara a ustedes por medio de nosotros: «En nombre de Cristo les rogamos que se reconcilien con Dios"* (2 Corintios 5:18-20 NVI).

Para obtener más información, por favor visítenos:
Página web : www.AmbassadorsForChristRadio.com.
Facebook: https://www.facebook.com/AmbassadorsForChristRadio
Google+: www.AmbassadorsForChristRadio.com\community
Televisión por Internet: www.christiandiscipleshipministries.com/tv
Twitter : @AFCRadio

Recommended Christian Books

Libros Cristianos Recomendados

"For wisdom will enter your heart, and knowledge will be pleasant to your soul. Discretion will protect you, and understanding will guard you" (Proverbs 2:10-11, NIV).

"*La sabiduría vendrá a tu corazón, y el conocimiento te endulzará la vida. La discreción te cuidará, la inteligencia te protegerá*" (Proverbios 2:10-11, NVI).

Profound Poets

Poetas Profundos

Mourning Morning

Mañana de Luto

¿Uncertainties? And Reasoning

¿Incertidumbres? Y Razonamiento

The Discipling Church

The Discipling Church

Our Great Commission:
Encouraging, Equipping, and
Empowering the Body of Christ

Michael E. Duncan
Dr. Jeffrey A. Klick
Tony J. Marino
Brian C. Whiteside

The Discipling Woman

The Discipling Woman

Our Great Commission:
Encouraging, Equipping, and
Empowering the Body of Christ

Caroline R. Savage
Lynn Marino

Child's Reflection

Reflexión Infantil

_____

_____

_____

_____

_____

_____

_____

_____

_____

_____

_____

_____

_____

_____

_____

_____

_____

_____

_____

_____

_____

_____

_____

_____

GOD BLESS!

¡DIOS

BENDIGA!